Y Faenor

Y Normaniaid a sefydlodd faenorau yng Nghymru gan ddilyn patrwm y faenor Seisnig. Nid oedd yn bosibl dilyn yr un drefn yn hollol gan fod y tir yng Nghymru mor fynyddig. Hefyd, cymerodd rai blynyddoedd i'r Normaniaid goncro'r wlad ac roedd gwrthryfeloedd yn arafu eu gwaith. Felly, dim ond ar y gororau, ar dir gwastad y de ac ar arfordir y gogledd y gwelwyd maenorau.

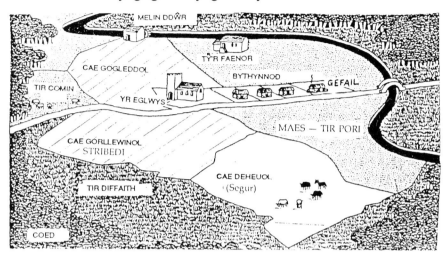

Dull syml iawn o ffermio sydd i'w weld yn y faenor, oherwydd mae'n rhaid i bawb wneud yr un fath yn union â phawb arall. Yn y flwyddyn gyntaf bydd pawb yn tyfu gwenith yn un o'r meysydd, ceirch yn yr ail faes, a gadewir y trydydd maes yn segur heb ddim yn tyfu arno. Yn y flwyddyn nesaf bydd y drefn yn newid. Edrychwch ar y cynllun isod sy'n dangos sut yr oeddynt yn trin y tir yn ôl **cylchdro o dair blynedd**.

Y Cylchdro Cnydau

Blwyddyn	Maes y Gogledd	Maes y De	Maes y Gorllewin
1	gwenith	ceirch	segur
2	ceirch	segur	gwenith
3	segur	gwenith	ceirch

Nodweddion y Faenor

(i)   Wedi'i lleoli ar lan afon
(ii) Yng Nghymru roedd yn cynnwys nifer o bentrefi ar wasgar. Yn Lloegr roedd yna un pentref mawr, agored

(iii) Caeau mawr agored	(vii) Coedwig
(iv) Tir comin	(viii) Eglwys a melin ddŵr
(v) Tir gwyllt a diffaith	(ix) Maenordy
(vi) Maes — tir pori	(x) Bythynnod ar gyfer y werin, pobl y faenor.

Geirfa

gwrthryfel = ymladd yn erbyn y drefn *(revolt)*
gororau = y tir ar y ffin rhwng Cymru a Lloegr
arfordir = y tir ar lan y môr *(coastline)*
gefail = lle mae'r gof *(smith)* yn gweithio
ar wasgar = *scattered*

Byd Gwaith y Faenor

Tasgau

1. Edrychwch yn ofalus ar y cynllun o'r Faenor ac ar y Cylchdro Cnydau.

2. Darllenwch y disgrifiad isod o'r Faenor:

   'Yn y caeau agored roedd y bileiniaid yn tyfu gwenith a cheirch. Roedd un cae bob blwyddyn yn cael ei adael yn segur, heb ei blannu. Ar y tir pori, roeddynt yn cadw ychen [i dynnu'r aradr], a gwartheg a defaid am eu llaeth a'u gwlân. Ar ôl y cynhaeaf aeth yr anifeiliaid i fwydo yn y caeau agored a gwrteithio'r tir. Roedd y mwyafrif o'r bobl ym Mhrydain yn byw ar y tir.'

3. Mewn parau, trafodwch y cwestiynau isod ac wedyn eu hateb yn eich llyfrau ysgrifennu.

   (a) Pam rydych chi'n meddwl bod y Faenor wedi'i rhannu'n dair rhan?
   (b) Pam roedd y caeau wedi eu rhannu'n stribedi?
   (c) Gwnewch 3 chopi o'r diagram isod gan nodi pa gnydau a fyddai'n tyfu yno dros gyfnod o dair blynedd.

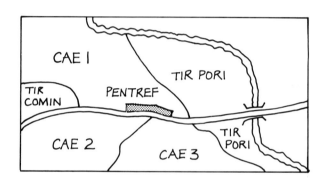

Gwaith caled oedd ffermio ar y Faenor. Nid oedd peiriannau i helpu'r gweithwyr. Gweithiai'r bobl yn y caeau hyd fachlud haul, a hynny drwy gydol y flwyddyn. Roedd y tywydd yn holl bwysig. Gallai haf rhy sych neu rhy wlyb, neu aeaf caled, achosi newyn yn y pentref.

Geirfa

cynhaeaf = amser casglu cnydau yn yr Hydref *(harvest)*
gwrteithio = bwydo'r tir â gwrtaith *(manure)*
peiriant = *machine*
machlud haul = yr adeg y mae'r haul yn mynd i lawr *(sunset)*
newyn = llwgu am nad oedd bwyd ar gael.

Yr Oesoedd Canol

HANES

yn y
Cwricwlwm
Cenedlaethol

ISBN: 1 85644 245 4

Paratowyd y deunydd gan
Heather Lewis, Ysgol Gyfun Gwynllyw
Anita Rees, Ysgol Gyfun Ystalyfera
Siân Thomas, Ysgol Gyfun Glantaf
ynghyd â
Jeffrey Connick, Ysgol Gyfun Gŵyr
Deryth Davies, Ysgol y Strade
Dylan E. Jones, Ysgol Gyfun Llanhari
David Pretty, Ysgol Gyfun Rhydfelen
Hywel Price, Ysgol Gyfun Cwm Rhymni
Wyn Thomas, Ysgol Gyfun y Cymer
*mewn cydweithrediad ag aelodau eraill o'r Gweithgor
Hanes a fu'n cyfarfod yn y Ganolfan Astudiaethau
Addysg, Prifysgol Cymru Aberystwyth, sef:*
Noel Davies, Ysgol Brynhyfryd (Cadeirydd)
Rhian Ditcher, Ysgol y Preseli
Gwilym Evans, Ysgol Maes Garmon
Ann Green, Ysgol Dyffryn Teifi
Ann Hughes, Ysgol Gyfun Penweddig
Peris Jones-Evans, Ysgol y Berwyn
Siân Pugh, Ysgol Uwchradd Llanfair-Caereinion
J. M. Rees, Ysgol Gyfun Glantaf
Raymond W. Roberts, Ysgol Dyffryn Conwy
Edith Williams, Ysgol Uwchradd Llanbedr-Pont-Steffan

CYDNABYDDIAETH

Dymunir diolch i'r canlynol am ganiatâd i
atgynhyrchu deunydd yn y llyfr hwn:

4(g), 8, 10(g), 14, 17, 24(ch), 29(t), 35(ch), 40:
Llyfrgell Brydeinig
7(gch), 13: Mary Evans Picture Library
10(t): Archifdy Gwynedd
11: Lynne Sieger
20: Llyfrgell Bodley
35(dd), (g): Mansell Collection
37(g): CADW
39: Bwrdd Croeso Cymru
43: D. Lyndon Howells
44: Anne Mainman
48-50: addasiad o Steve Buxton, *Medieval Times*
(Hodder and Stoughton, 1991), tt. 24-6

Cydnabyddir cymorth ariannol Ysgrifennydd
Gwladol Cymru tuag at gyhoeddi'r deunydd hwn.

YR OESOEDD CANOL

*Ni lwyddwyd i gysylltu â pherchennog hawlfraint
pob llun a darn o destun yn y gyfrol hon.
Gwahoddir y perchenogion hynny i gysylltu â'r
Ganolfan Astudiaethau Addysg, Yr Hen Goleg,
Stryd y Brenin, Aberystwyth, Dyfed, SY23 2AX.*

Llun y clawr: Eric Hall
Dylunio a chynllunio'r clawr: Elwyn Ioan
Cydgordwyr: Helen Davies ac Eleri Huws
Argraffwyr: Y Lolfa, Tal-y-bont

Economi'r Faenor

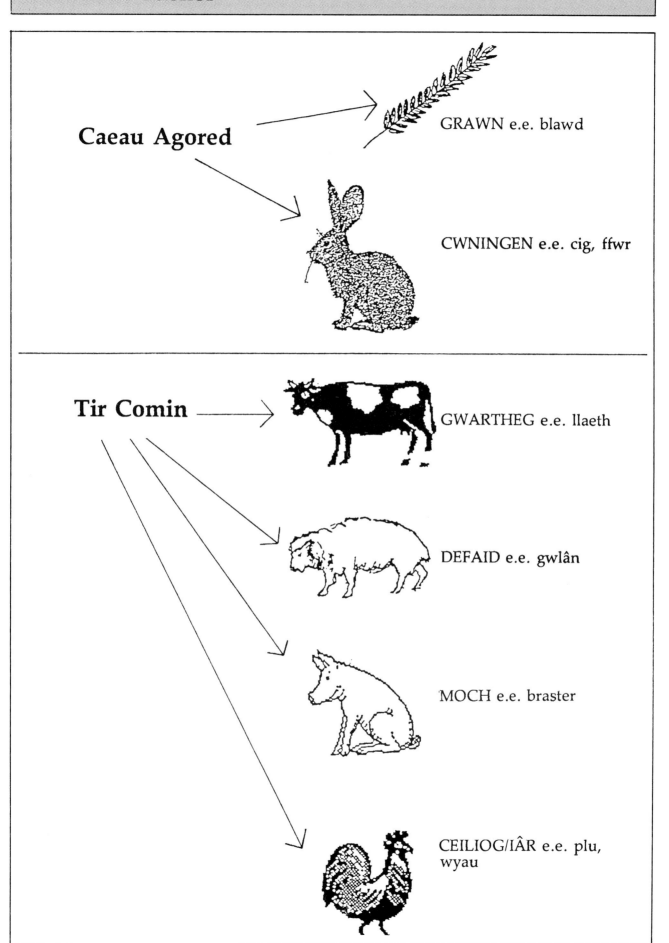

Caeau Agored ⟶ GRAWN e.e. blawd

CWNINGEN e.e. cig, ffwr

Tir Comin ⟶ GWARTHEG e.e. llaeth

DEFAID e.e. gwlân

MOCH e.e. braster

CEILIOG/IÂR e.e. plu, wyau

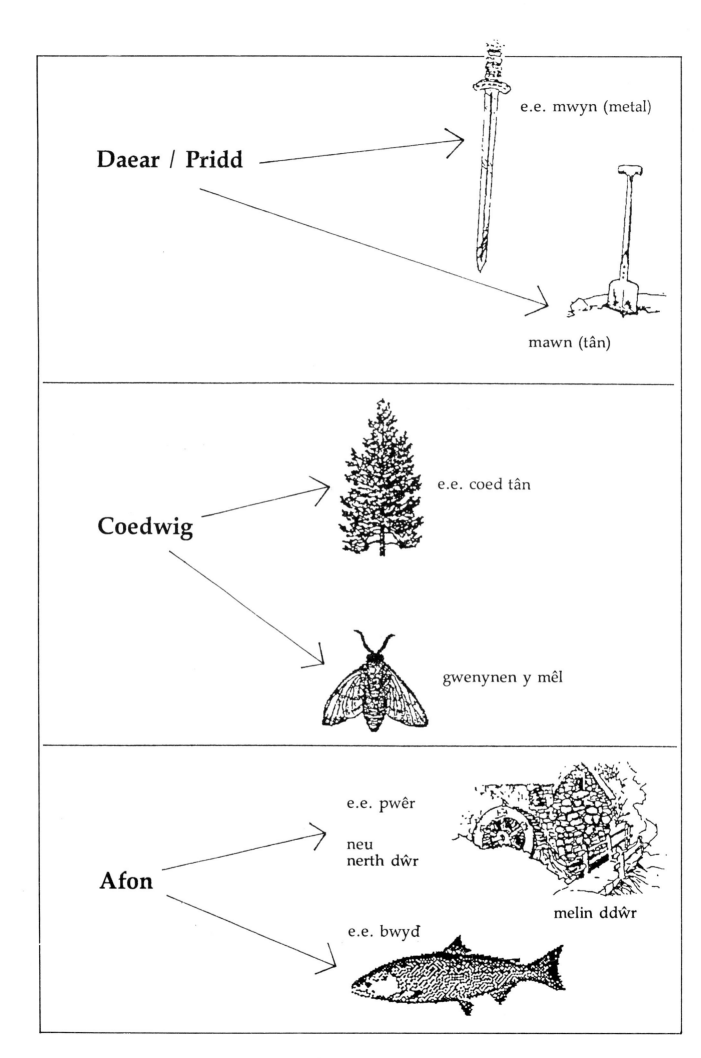

Daear / Pridd

e.e. mwyn (metal)

mawn (tân)

Coedwig

e.e. coed tân

gwenynen y mêl

Afon

e.e. pwêr

neu
nerth dŵr

melin ddŵr

e.e. bwyd

Pentrefwyr a'u gwaith yn y faenor

Yn y flwyddyn 1085 danfonodd William Goncwerwr swyddogion o amgylch y wlad i gasglu gwybodaeth am y pentrefi, y perchenogion a nifer y pentrefwyr ynddynt. Cadwyd record o'r wybodaeth a gasglwyd mewn dau lyfr anferth o'r enw **Llyfr Dydd y Farn**. Mewn un pentref roedd yna:

1 Stiward	1 Rhyf	1 Bedel	27 o Fileiniaid	4 o Gotywyr neu Dyddynwyr

Swyddogion y Faenor:
Y Stiward oedd yn rhoi gwaith y dydd i'r bileiniaid

Arglwydd y Faenor

Gwraig gwerinwr neu filain

Bywyd y Bilain

Y grŵp mwyaf, felly, oedd y **bileiniad**. Roedd y rhain yn gweithio ar y tir, ond nid oeddynt yn berchen ar y tir. Perchennog tir y pentref a'r tir o amgylch oedd Arglwydd y Faenor.

Roedd Arglwydd y Faenor yn trin rhywfaint o'r tir ei hun gan adael i'r bileiniaid drin gweddill y tir. Roedd y bilain yn talu rhent am tua 15 i 30 acer o dir a'i fwthyn trwy weithio ar dir yr arglwydd. Dyma'r gwaith roedd disgwyl iddynt ei wneud:

> Rhaid i'r bilain roi 16 diwrnod o waith yn yr hydref a thri gwaith-dros-ben gwerth 19d; yna dyrnu am 32 diwrnod gwerth 16d ynghyd â dau waith-dros-ben, a'r aradr, gwerth 12d … yna bydd yn chwynnu am dri hanner diwrnod, gwerth 15d.

'Gwaith-dros-ben' oedd gwaith arbennig ar adegau prysur yn y flwyddyn. Mewn un pentref yng Nghymru roedd y bileiniaid, fel rhan o'u gwaith-dros-ben, yn gorfod:

> 1. Casglu holl gynnyrch caeau'r arglwydd.
> 2. Medi ar dir yr arglwydd am dri diwrnod.
> 3. Cario teils to a defnydd adeiladu i felin yr arglwydd.
> 4. Rhoi ugain llwyth o danwydd yn flynyddol i Arglwydd y Faenor adeg y Nadolig.

Roedd bywyd y bileiniaid yn un caled. Roedd yn rhaid aredig y tir a'i baratoi ar gyfer hau. Byddai pawb o'r pentrefwyr yn helpu ar adeg y cynhaeaf. Y rhyf oedd yn gyfrifol am arolygu gwaith y bileiniaid ar dir yr arglwydd. Dyna mae'r rhyf yn ei wneud yn y llun isod:

Geirfa

cynnyrch = cnydau a oedd yn tyfu ar y tir *(produce)*
medi = casglu'r cnydau *(harvest)*
dyrnu = *threshing*
tanwydd = deunydd i wneud tân *(fuel)*
aredig = troi'r tir
arolygu = sicrhau bod y gwaith yn cael ei wneud yn iawn *(supervise)*

Tasgau

Ionawr	Chwefror	Mawrth	Ebrill
Mai	Mehefin	Gorffennaf	Awst
Medi	Hydref	Tachwedd	Rhagfyr

Hau'r hadau yn y caeau agored

Taro mes oddiar y coed i fwydo moch

Dyrnu'r ŷd i wahanu'r grawn oddi wrth y mân us

Cynaeafu

Dechrau lladd gwair

Chwalu'r pridd a hau cnydau newydd

Yr arglwydd yn cadw'n gynnes yn ei dŷ

Casglu ffrwythau

Lladd mochyn ar gyfer y Nadolig

Tocio'r coed a phlannu ffrwythau

Yr arglwydd yn hela

Plannu coed ffrwythau

1. Edrychwch ar y disgrifiadau uchod a phenderfynwch pa ddisgrifiad sy'n gweddu orau i bob llun.

2. Lluniwch galendr ar gyfer pob mis a disgrifiwch y gwaith y byddai'r bilain yn ei wneud.
TC3, L3

3. Gwnewch restr o'r gwaith yr oedd yn rhaid i'r bilain ei wneud i arglwydd y Faenor.

4. Beth oedd y gwaith-dros-ben? Rhowch resymau pam nad oedd y bileiniaid yn hoffi'r gwaith. *TC1b, L3-4*

Ffynhonnell A

Ffynhonnell B

Astudiwch y ddwy ffynhonnell uchod. Mae'r ddwy yn dangos pobl yn trin y gwair adeg y cynhaeaf.

Mae Ffynhonnell A yn dangos sut roedd pobl yn trin gwair ar ddechrau'r ganrif hon. Mae Ffynhonnell B yn dangos sut roedd pobl yn trin gwair ar y Faenor yn y bedwaredd ganrif ar ddeg.

5. Oes yna unrhyw beth sy'n debyg yn y ddwy ffordd o drin y gwair? Oes yna unrhyw beth sy'n wahanol? *TC1a, L3-4*

6. Pam nad ydym yn gweld pobl yn trin y gwair fel hyn heddiw?

Y Bilain a'i Fywyd

Roedd y bilain yn codi gyda'r wawr ac yn gweithio yn y caeau, beth bynnag fyddai'r tywydd. Gwisgai'r bilain gôt a het a oedd yn llawn tyllau. Roedd ei esgidiau'n fwd i gyd a bysedd ei draed yn dod drwy'u blaenau. Roedd tyllau yn ei fenyg hefyd.

Roedd gwraig y bilain yn ei helpu trwy roi dŵr i'r ychen a chario tail allan. Byddai hefyd yn gofalu am y cartref, coginio, gwneud dillad a magu'r plant.

Ffynhonnell A: 'Cân o Glod i'r Bilain' gan Iolo Goch (c. 1320–1398)

> Gwyn ei fyd, drwy febyd draw
> A ddeil aradr â'i ddwy law.

Ffynhonnell B: 'Piers Plowman' gan William Langland (c. 1360)

> Gwelais ŵr tlawd yn dal aradr. Wrth ei ochr cerddai ei wraig a dim ond brethyn garw yn ei chadw rhag oerfel y gaeaf. Cerddai'n droednoeth ar y ddaear, a oedd wedi rhewi'n gorn, ac yn ôl ei thraed roedd olion gwaed.

Tasgau

1. Cymharwch Ffynonellau A a B. Dyfyniadau yw'r ddwy ffynhonnell o gerddi a ysgrifennwyd tua'r un adeg. Pa ddisgrifiad, gredwch chi, oedd yr agosaf at y gwir? Rhowch resymau dros eich ateb.

2. Gwnewch restr o'r prif wahaniaethau rhwng eich cartref chi a bwthyn bilain o tua 650 o flynyddoedd yn ôl, tebyg i'r llun uchod.

TC1a, L3-4

Roedd y bilain yn yfed cwrw yn hytrach na dŵr oherwydd bod y dŵr mor fudr. Edrychwch ar y rhestr isod o'r bwyd roedd bilain yn ei fwyta.

Bwydlen Bilain

Brecwast, tua 6 y bore
Bara, caws, cwrw

Cinio, tua 10 y bore
Bara, ychydig o gig, cwrw

Swper, tua 4 y prynhawn
Potes/cawl, bara, ffrwythau, cwrw

Ambell dro yn unig
Wyau, llaeth

Tŷ ffrâm nenfforch oedd cartref bilain, ac un ystafell yn unig oedd yn y tŷ. Roedd y llawr pridd wedi'i orchuddio â brwyn a gwair. Tyllau yn y waliau oedd y ffenestri, gyda sgrîn i gadw'r gwynt allan ryw gymaint. Roedd y tân yng nghanol y llawr a'r ystafell yn fyglyd iawn er bod twll yn y to i'r mwg fynd allan. Gyda'r nos roedd y bilain yn dod â'r anifeiliaid i mewn o'r oerfel. Ychydig o gelfi/dodrefn oedd yn y tŷ — gwely gwair, bwrdd a stolion.

Tŷ Ffrâm Nenfforch

Nenfforch

Gwraig Bilain

Yn ogystal, rhaid oedd i'r bileiniaid ofalu am eu hanifeiliaid. Byddai'r gwartheg a'r defaid yn pori ar y comin yn yr haf, ond yn y gaeaf nid oedd digon o fwyd ar eu cyfer i gyd. Felly, roedd angen lladd nifer o'r anifeiliaid a halltu'r cig er mwyn iddo bara am y gaeaf. Yn yr haf roedd digon o lysiau a ffrwythau ar gael, ond ar ddiwedd tymor y gaeaf byddai'r bwyd yn brin.

Gwaith ysgrifennu

Dychmygwch eich bod yn un o'r bileiniaid. Ysgrifennwch adroddiad o dan y pennawd 'Diwrnod ym mywyd bilain'.

TC1c, L6

Swyddogion y Faenor

Y Stiward

Dyma un o'r prif swyddogion. Ef oedd yn gofalu am y faenor yn absenoldeb yr arglwydd. Astudiwch y ffynhonnell isod. Beth mae'r stiward yn ei wneud?

Yn Ffynhonnell B, isod, mae enghraifft o'r math o gyflogau roedd y pentrefwyr yn eu hennill am weithio i'r faenor.

Ffynhonnell B: Rhan o dreuliau maenor Whitecastle, 1256—7

> Cyflog 182 o chwynwyr am un diwrnod, 8s.
>
> Cyflog 120 o chwynwyr, yn ôl y ddefod, am 3 diwrnod gyda threuliau, 2 was, y rhyf, y medelwr, y bedel, a choedwigwr yn ystod yr un amser, 3s.
>
> Am ladd y gweirgloddiau yn ôl cytundeb, 13s 4d.
>
> Treuliau dau was, y rhyf, y medelwr, y bedel, a choedwigwr a oedd gyda'r pladurwyr, 13½d.
>
> Cost diodydd ar gyfer 257 o fedelwyr a wnâi ddawnwaith am un diwrnod a chymaint eto am ddiwrnod arall, 227 ar y trydydd diwrnod a 176 ar y pedwerydd, 76s 9½c
>
> Am fedi'r llafur a oedd ar ôl, £4 3s 10½d
>
> **Cyfanswm £9 6s 1½d**

Y Bedel

Gwaith hwn oedd cadw heddwch yn y pentref. Rhaid iddo ofalu hefyd nad oedd y gwartheg yn pori ar y tir oedd wedi cael ei aredig.

Geirfa

cyflogau = arian am weithio *(wages)*
treuliau = arian sydd wedi ei wario *(expenses)*
chwynwyr = pobl sy'n codi chwyn *(weeds)* o'r ddaear
defod = arfer, traddodiad *(tradition/ceremony)*
pladurwr = pobl sy'n lladd gwair
medi'r llafur = casglu'r gwenith neu'r ŷd

Gwarchodwr y Gwair

Mae Ffynhonnell C yn dweud beth oedd gwaith un arall o'r swyddogion, sef
Gwarchodwr y Gwair:

Ffynhonnell C

> Rhaid i warchodwr y gwair edrych ar ôl y coedydd a'r ŷd a'r dolydd ... ef sydd
> i hau'r hadau, ac yn y cynhaeaf dylai ofalu am y pladurwyr ... ym mis Awst, ef
> sy'n gofalu bod yr ŷd yn cael ei fedi a'i gynaeafu, rhag i neb ei ladrata a rhag i'r
> anifeiliaid ei fwyta.

Y Rhyf

Mae Ffynonellau CH a D yn dangos ac yn dweud wrthym beth oedd gwaith a
dyletswyddau'r Rhyf.

Ffynhonnell CH

> Dylai'r Rhyf fod gyda'r aradwyr
> drwy'r amser i sicrhau eu bod yn
> aredig yn drwyadl ac i weld faint o
> waith sydd wedi'i wneud erbyn
> diwedd y dydd.

Ffynhonnell D

Y Melinydd

Nid oedd hwn yn swyddog, ond fel y lleill nid oedd yn boblogaidd gyda'r
pentrefwyr. Yn y cyfnod hwn roedd y felin yn chwarae rhan bwysig iawn ym
mywyd y pentrefwyr, gan mai cnydau oedd prif gynnyrch y wlad. Ond cyn gallu
bwyta'r grawn, roedd yn rhaid ei falu'n flawd/fflŵr. Fel taliad am falu ŷd y
pentrefwyr, roedd y melinydd yn mynnu cyfran o'r blawd iddo'i hun.

Ffynhonnell DD

> The Miller was a chap of sixteen stone,
> A great stout fellow, big in brawn and bone.
>
> Broad, knotty and short-shouldered, he would boast
> He could heave any door off hinge and post,
> Or take a run and break it with his head.
>
> His was a master-hand at stealing grain;
> He felt it with his hand, and thus he knew
> Its quality, and took three times his due —
> A thumb of gold, by God, to gauge an oat!
> He wore a hood of blue and a white coat.

Ffynhonnell E

> What is the boldest thing in the world?
> A miller's shirt, for it clasps a thief by the throat daily.

Defnyddio'r Dystiolaeth

Ffynhonnell A
Ydych chi'n adnabod yr offer y mae'r pentrefwyr yn ei gario?

Ffynhonnell B
Beth oedd gwaith y medelwyr? Beth ydych chi'n feddwl yw ystyr y gair 'dawnwaith'?

Ffynhonnell C
Ydych chi'n meddwl fod Gwarchodwr y Gwair yn swyddog pwysig? Rhowch resymau dros eich ateb.

Ffynhonnell CH a D
Pa un yw'r rhyf yn y darlun? Beth oedd ei waith?

Ffynhonnell DD
Beth mae'r awdur Geoffrey Chaucer yn ei ddweud am y melinydd? A oedd hyn yn wir am bob melinydd, gredwch chi?
TC2, L5

Ffynhonnell E
Beth yw arwyddocâd y pos yn Ffynhonnell E?

Tasgau

1.   Gwnewch restr o swyddogion a phobl y Faenor yn ôl trefn eu pwysigrwydd.

2.   Byddai Rhyf, Arglwydd y Faenor, y Bilain a Gwraig y Bilain yn dangos teimladau gwahanol iawn tuag at y Drefn Ffiwdal.

     Isod, mae rhestr o 14 brawddeg y gallai'r bobl yma fod wedi eu dweud yn y pentref wrth siarad am y Drefn Ffiwdal.

     Dewiswch unrhyw **dair** brawddeg o'r rhestr y gallai'r **Rhyf, Arglwydd y Faenor, y Bilain neu Wraig y Bilain** fod wedi eu dweud wrth siarad am y Drefn Ffiwdal: *TC1C, L6*

     A   'Rwy'n cytuno'n fawr â'r drefn yma.'

     B   'Fedra i ddim siarad ar hyn o bryd! Rhaid i mi drwsio ei glogyn.'

     C   'Rwy'n credu ei bod yn system deg iawn.'

     CH 'Does dim pwynt cwyno; dyna fel y mae hi.'

     D   'Mae hi'n system annheg iawn, os gofynnwch i mi.'

     DD 'Mae'r system yn rhoi pobl yn eu lle iawn yn y pentref.'

     E   'Roedd y system yn ddigon da i 'nhad ...'

     F   'Mae'n rhoi ychydig o bŵer i mi.'

     FF   'Mae'r gwaith caled bron â'n lladd adeg y cynhaeaf.'

     G   'Bydd yn rhaid i'n mab ddilyn ei dad a gweithio ar y tir.'

     NG 'Dydw i ddim yn mynd i'r dafarn mor aml erbyn hyn.'

     H   'Beth fyddwn i'n ei wneud yn y dref?'

     I   'Pwy mae e'n feddwl yw e?'

     L   'Fe ddaliaf i yr hen ryf 'na ryw noswaith!'

3.   Mae'n debyg eich bod wedi dewis brawddegau gwahanol ar gyfer pobl wahanol. Sut, gredwch chi, yr oedd eu **ffordd o fyw** a'u **safle neu statws** ar y faenor wedi effeithio ar eu hagwedd tuag at y drefn ffiwdal, h.y. eu teimladau tuag at y Drefn Ffiwdal?   *TC1c, L7*

Cartref yr Arglwydd

Bileiniaid yn rhoi rhan o'u cynnyrch i'r Arglwydd

Digrifwas

Bwrdd bwyd yn Neuadd Fawr y Maenordy

Tŷ o gerrig oedd maenordy'r arglwydd. Roedd gan y maenordy seler ar y llawr isaf ac ar y llawr cyntaf roedd prif ystafell y neuadd. Defnyddiwyd y neuadd ar gyfer sawl pwrpas:

1. Ystafell fwyta
2. Lle i'r gwragedd nyddu gwlân
3. Lle i'r plant chwarae
4. Lle i gynnal llys y Faenor
5. Lle i'r gweision gysgu.

Y drws nesaf i'r neuadd roedd ystafell breifat yr arglwydd, y 'bower'. Yma roedd yr arglwydd a'i deulu'n cysgu. Roedd llenni o amgylch y gwely i geisio atal drafftiau. Roedd dillad y teulu'n cael eu cadw mewn cistiau mawr o bren.

Roedd y gegin ar ochr arall yr adeilad. Nesaf at y gegin roedd y pantri, a'r bwtri lle'r oedd y diodydd yn cael eu storio.

Gydag amser, ychwanegwyd at y maenordai. Gosodwyd ystafelloedd gwely ynddynt, yn ogystal â selerydd a chapel. Os oedd yr arglwydd yn arbennig o gyfoethog, roedd gwydr yn cael ei osod yn y ffenestri — ond moethusrwydd oedd hyn.

Fel arfer, roedd yr arglwydd yn codi ar doriad gwawr. Ar ôl brecwast o fara, cig a chwrw, roedd yr arglwydd a'r arglwyddes yn rhoi cyfarwyddiadau am y dydd i'r gweision. Yn y cyfamser, roedd y plant yn cael gwersi Lladin a Ffrangeg.

Byddent yn cael cinio ganol dydd. Ar y bwrdd gosodai'r prif was y llwyau, cyllyll, cwpanau a rholiau bara. Doedd dim ffyrc yn cael eu defnyddio bryd hynny. Gyda'u bysedd y byddai pobl yn bwyta fel arfer.

Ar ôl powlen o gawl llysiau, gweiniwyd y prif gwrs. Gallai hwn fod yn gig oen, cig eidion neu bysgod. I bwdin roedd tarten ffrwythau, crempog neu gwstard wy. Gorffennwyd y pryd gyda chaws. Cwrw oedd y ddiod fel arfer.

Roedd swper ar y bwrdd am 5 o'r gloch. Os oedd gwesteion pwysig gan yr arglwydd, cynhelid gwledd fawr. Gosodwyd llestri aur ar y brif fwrdd, ac roedd gwin o Ffrainc ar gael i'w yfed. Rhostiwyd cig carw, mochyn cyfan, ffesant, gŵydd neu hwyaden.

Goleuwyd y neuadd yn y nos â chanhwyllau a byddai acrobat neu ddigrifwas yn diddanu'r gwesteion. Yn yr oriel, roedd dynion yn canu baledi.

• • •

Geirfa

cistiau = celfi/dodrefn o bren i gadw nwyddau ynddynt (chests)
moethusrwydd = rhywbeth anghyffredin o arbennig (luxury)
cyfarwyddiadau = gorchmynion (instructions)
gweini = dod â bwyd i'r bwrdd (serve)

Cyflwyniad: Yr Eglwys yn yr Oesoedd Canol

Heddiw, dim ond nifer fechan o bobl sy'n mynd i'r eglwys bob dydd Sul, ond yn yr Oesoedd Canol roedd pawb yn grefyddol iawn. Yr Eglwys oedd canolbwynt eu bywydau, ac roedd bron pawb yn mynd i'r gwasanaethau ar ddydd Sul, ac yn aml ar ddyddiau gŵyl yn yr wythnos hefyd.

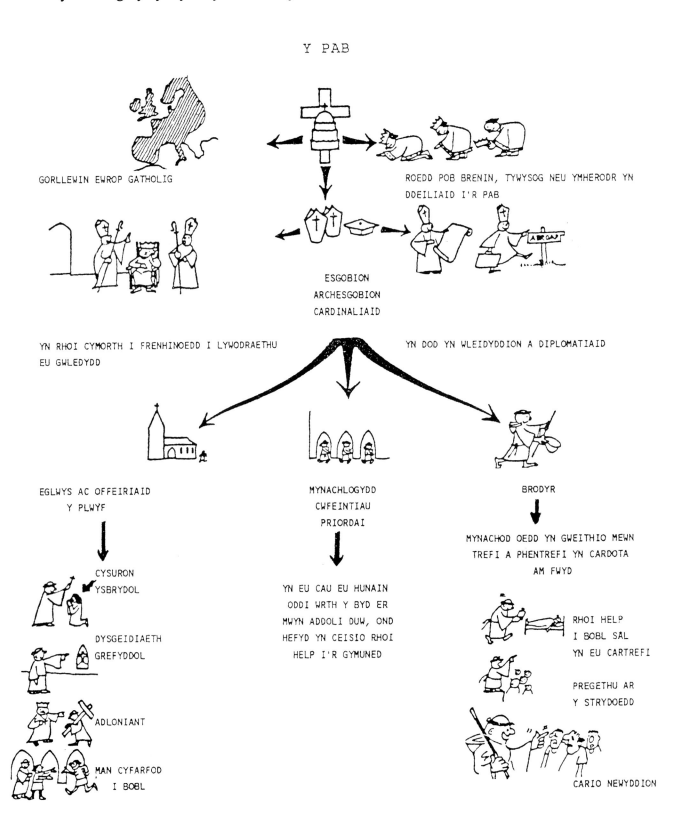

Pam yr oedd yr Eglwys mor bwysig yn yr Oesoedd Canol?

Rheswm 1

Credai pobl yn gryf iawn mewn Nefoedd ac Uffern. Roedden nhw'n credu y byddai pobl oedd yn byw bywyd drygionus yn cael eu hanfon i Uffern pan fyddent farw ac yn aros yno am byth, gan gael eu cosbi'n ofnadwy am eu pechodau. Byddai pobl dda, ar y llaw arall, yn cael mynd i'r Nefoedd gan fyw yno mewn hapusrwydd perffaith am byth. Yr unig ffordd i'r Nefoedd oedd drwy'r Eglwys.

Rheswm 2

Roedd bywyd yn anodd iawn yn yr Oesoedd Canol. Roedd llawer o afiechydon yn taro'r bobl ac roedd llawer yn byw mewn tlodi a diflastod. Byddai offeiriad y plwyf yn aml yn rhoi cymorth syml, ymarferol i'r rhai a oedd mewn angen.

Rheswm 3

Eglwys y plwyf oedd canolbwynt bywyd pob pentref. Byddai pobl yn mynd i'r eglwys yn rheolaidd. Ar wahân i'r gwasanaethau, roedd y pentrefwyr yn mwynhau mynd yno i sgwrsio, i gael y newyddion diweddaraf, i drin a thrafod, i gael gwersi gan yr offeiriad a hyd yn oed i gynnal gwyliau a chwaraeon.

Dyddiau Gŵyl a Gwyliau

Ffynhonnell y gair Cymraeg 'gwyliau' a'r gair Saesneg 'holidays' yw 'dyddiau gŵyl' neu 'holy days'. Dyddiau arbennig yr Eglwys oedd y rhain, a byddai'r rhan fwyaf o bobl yn gadael eu gwaith er mwyn ymuno yn y dathlu. Ar wahân i'r Pasg a'r Nadolig, roedd nifer o wyliau eraill megis Calan Mai (Mai 1af) a Lamas (Awst 1af). Dwy hen ŵyl ers cyn cyfnod Cristnogaeth oedd y rhain. Ar ŵyl Calan Mai, fe fyddai dawnsio o gwmpas y fedwen Fai. Yr hen arfer ar ŵyl Lamas oedd claddu torth o fara yn y gŵys gyntaf i gael ei haredig wedi'r cynhaeaf. Yn yr ŵyl Gristnogol a ddaeth yn ei lle, byddai'r offeiriad yn dathlu'r Cymundeb â'r dorth gyntaf a goginiwyd o ŷd y cynhaeaf hwnnw.

Y Nadolig

Prif wyliau'r Eglwys oedd y Pasg a'r Nadolig. Ystyr y gair Saesneg 'Christmas' yw 'dydd Gŵyl Crist', oherwydd ystyr yr hen air Saesneg 'maesse' oedd 'dydd gŵyl'.

Ffynhonnell A: Drama Mummer

Un o'r traddodiadau ers ymhell cyn i Gristnogaeth gyrraedd oedd perfformio dramâu Mummer a dyma lun o berfformwyr yn un o'r dramâu hyn. Roedd y dramâu'n cael eu cynnal yn ystod heuldro'r gaeaf. Yn y stori byddai arwr a dyn drwg, a byddai'r arwr yn marw ac yna'n dod yn ôl yn fyw.

Gŵyl y Geni

Tua 300 O.C., dechreuodd gŵyl y 'Nativitas' sef gŵyl i ddathlu pen-blwydd Crist (fe gofiwch y gair Saesneg 'nativity'). Gan na wyddai neb beth oedd dyddiad geni Iesu bu'n rhaid i'r Eglwys ddewis dyddiad, sef Rhagfyr 25ain, ar gyfer yr ŵyl.

Nadolig yn yr Oesoedd Canol

Yn y ffynhonnell hon cewch ddisgrifiad o'r Nadolig a ysgrifennwyd yn 1444. Dyn o'r enw John Stow, a oedd yn byw yn yr unfed ganrif ar bymtheg, a gafodd hyd i'r disgrifiad pan aeth i chwilio am hanes y Nadolig yn y cyfnodau cynharaf.

> Coeden yn cael ei gosod yng nghanol Cornhill yn Llundain, yn gadarn yn y ddaear, wedi ei gorchuddio â chelyn ac iorwg er mwyn rhoi pleser i bobl adeg y Nadolig . . . Roedd cartref pob dyn yn llawn o gelyn ac iorwg a beth bynnag oedd ar gael oedd yn wyrdd yn ystod y tymor hwnnw o'r flwyddyn.
>
> *John Stow*

Dyma ffynhonnell sy'n disgrifio sut y treuliodd gwraig weddw'r Nadolig, a hithau newydd golli ei gŵr:

> Nid oedd actio, na thelyna, na chanu ac nid oedd yna chwaraeon uchel. Dim ond chwarae gêmau bwrdd a gwyddbwyll a chardiau yr oedd yn caniatáu i'w theulu eu chwarae, a dim mwy.
>
> *Llythyr oddi wrth Margaret Paston*

Tasgau

1. Lluniwch galendr o'r prif ddyddiau gŵyl yn yr Oesoedd Canol.   *(L2)*

2. Disgrifiwch y newidiadau a ddigwyddodd yng ngŵyl Lamas dros gyfnod o amser.   *(L3)*

3. Ym mha ffyrdd y mae dathlu'r Nadolig:
   (i) wedi newid
   (ii) wedi aros yr un fath.   *(L4)*

Y Mynachlogydd

Roedd y **mynachlogydd** yn rhan bwysig o'r Eglwys yn yr Oesoedd Canol. Yn yr adeiladau yma, roedd dynion (a merched mewn **lleiandai**) wedi dod at ei gilydd i dreulio eu holl amser yn gweddïo ac yn gweithio ar ran Duw. Roedd y dynion yma, y **mynachod**, yn credu bod Duw wedi eu galw i wneud gwaith da ar Ei ran Ef ar y ddaear. Trwy wneud y gwaith da hwn, byddai'r mynachod yn siŵr o fynd i'r Nefoedd.

Dyma lun o fynachlog yn yr Oesoedd Canol:

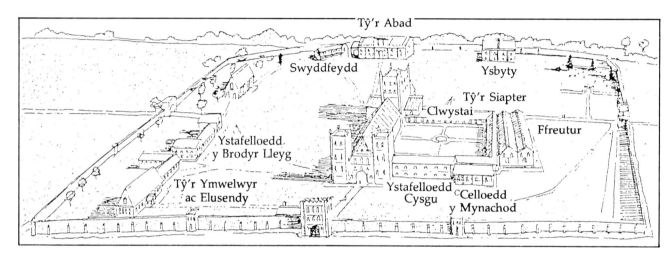

Ffynhonnell A: Map

Allwedd

Clwystai   y rhan o'r fynachlog lle'r oedd y mynachod yn darllen, meddwl ac ysgrifennu (*cloister*)

Tŷ'r Abad   cartref yr Abad, sef pennaeth y fynachlog

Tŷ'r Siapter   yr ystafell lle'r oedd y mynachod yn cwrdd â'r Abad

Urddau'r Mynachod yng Nghymru

Y ddwy brif urdd o fynachod yng Nghymru oedd y Benedictiaid a'r Sistersiaid.

Ffynhonnell B: Nodweddion y ddwy urdd o fynachod

Y BENEDICTIAID	Y SISTERSIAID
Sefydlwyd ym Monte Cassino, Yr Eidal, gan Bened yn y flwyddyn 525	Sefydlwyd gan Robert de Molesme yn Citeaux, Ffrainc, yn 1098
Cyrraedd Prydain yn 596 — St. Augustine, Caer-gaint	Cyrraedd Prydain yn 1131 — Rievaulx, Swydd Efrog
Normaniaid yn noddi llawer o'r mynachlogydd	Y Cymry yn noddi'r mynachlogydd. Yr Urdd amlycaf ym Mhrydain
Cyfnod o wasanaeth yn yr eglwys, yn darllen, gwneud gwaith tŷ a llafurio	Agwedd ac addoliad symlach. Yn barod i aberthu mwy. Sefydlu mewn ardaloedd unig. Yn enwog am ffermio, yn enwedig defaid
Mynachlogydd yng Nghymru: Aberteifi, Penfro, Cydweli, Caerfyrddin, Caerdydd	Mynachlogydd yng Nghymru: Aber-conwy, Ystrad-fflur, Glyn-y-groes, Hendy-gwyn, Nedd a Thyndyrn
Mynachod Duon	Mynachod Gwynion

Ffynhonnell C: Noddwyr y mynachlogydd

MYNACHLOG	NODDWR	MAM FYNACHLOG	DYDDIAD
•Aberconwy	Llywelyn Fawr	Ystrad-fflur	1186
+Caerdydd	Robert Fitzhamon	Tewkesbury	1106
+Caerfyrddin	Harri I	Battle	tua 1180
+Cydweli	Esgob Roger o Salisbury	Sherborne	1114
•Glyn-y-groes	Madog ap Gruffydd	Ystrad Marchell	1201
•Hendy-gwyn	Ioan o Torrington	Clairvaux, Ffrainc	1140
•Nedd	Richard de Granville	Savigny, Ffrainc	1130
+Penfro	Arnulf o Drefaldwyn	St Martin Sée, Ffrainc	tua 1098
•Tyndyrn	Walter FitzRichard	Laumone, Ffrainc	1131

1. Llenwch y bylchau isod gan ddefnyddio gwybodaeth o Ffynhonnell B.

    Cafodd y .... eu sefydlu ym Monte Cassino yn y chweched ganrif. Yn yr
    unfed ganrif ar ddeg, sefydlwyd y .... yn Ffrainc gan .... de ....
    Y .... oedd yn noddi'r Benedictiaid tra oedd y .... yn noddi'r Sistersiaid.
    Roedd y .... yn byw bywyd symlach na'r .... ac roeddynt yn enwog am
    ffermio .... Roedd y Benedictiaid yn .... tra oedd y Sistersiaid yn
    .... Cafwyd enghreifftiau o fynachlogydd Sistersaidd yn .... a
    .... tra oedd y Benedictiaid yn .... a .... Nid oes llawer o fynachod
    i'w cael yng Nghymru heddiw, ond un esiampl yw ....

2. Edrychwch ar Ffynonellau A a C, sef y map a'r rhestr o noddwyr, ac atebwch y
    cwestiynau isod.

    (i)   Ble mae'r mwyafrif o fynachlogydd y Sistersiaid?
    (ii) Ble mae'r mwyafrif o fynachlogydd y Benedictiaid?
    (iii) Beth ydych chi'n sylwi arno ynghylch enwau noddwyr y ddwy urdd?
    (iv) O'r wybodaeth a gewch chi yn Ffynonellau A a C, sut ydych chi'n esbonio
          poblogrwydd y Sistersiaid yng Nghymru?

Bywyd yn y Fynachlog

Roedd yn rhaid i'r mynachod a'r lleianod wneud tair adduned:

1. Tlodi: nid oeddynt yn cael cadw unrhyw eiddo personol.
2. Purdeb: nid oedd mynachod a lleianod yn cael priodi.
3. Ufudd-dod: roeddynt yn gorfod bod yn gwbl ufudd i'r Abad, sef y prif fynach.

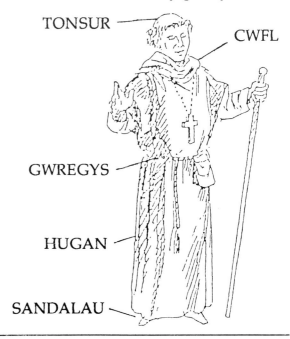

TONSUR

CWFL

GWREGYS

HUGAN

SANDALAU

Bywyd bob dydd y Mynachod

Amserlen diwrnod nodweddiadol ym mywyd mynach

Y mynachod yn dod o'u hystafell wely ac yn mynd i lawr ar hyd y grisiau nos ar gyfer:

2 am AD MATUTINAS; IN LAUDIBUS (Gwasanaethau)
Rhwng y gwasanaethau roedd darlleniadau. Yna byddai'r mynachod yn dychwelyd i'w hystafell wely

6 am AD PRIMAM (Gwasanaeth); brecwast; cyfarfod â'r abad yn nhŷ'r siapter i wrando ar y Rheol yn cael ei darllen, i gyffesu pechodau ac i wybod am ddyletswyddau'r dydd; gwaith

9 am AD TERCIAM (Gwasanaeth); Y Cymun Bendigaid

11 am Cinio yn y ffreutur — tatws, bara, wyau, pysgod, caws, ffrwythau a gwin, ond dim cig. Byddai un mynach yn darllen o'r Beibl tra byddai'r lleill yn bwyta

12 pm AD SEXTAM (Gwasanaeth); gorffwys

1.30 pm Gwaith

3 pm AD NONAM (Gwasanaeth); gwaith

6 pm AD VESPERAM (Gwasanaeth); swper, cerdded a darllen yn y clwysty

7 pm COMPLETORIUM (Gwasanaeth); gwely

Os oedd mynach yn torri un o reolau'r fynachlog, roedd yn cael ei gosbi:

> 'Ac yn awr,' meddai'r Abad, 'fe drown at ddisgyblaeth ... Os ceir y mynach yn euog, fe'i gosodir ar ei hyd ar lawr a'i guro â phastwn trwm neu â phastwn ysgafnach ar ei gefn noeth. Yr abad a fydd yn penderfynu pa mor llym fydd y gosb.'

1. Beth oedd iaith y gwasanaethau yn y fynachlog?

2. Defnyddiwch y ffynonellau sy'n cyfeirio at fywyd yn y fynachlog i ysgrifennu disgrifiad o fywyd y mynach.

3. Roedd un o Gymry enwog y cyfnod, sef Gerallt Gymro, yn feirniadol o'r Sistersiaid am eu bod yn crynhoi tir. Astudiwch y wybodaeth yn y tabl isod ac atebwch y cwestiynau sy'n dilyn.

Mynachlog	Elw o ffermio	Elw o Eglwysi	Cyfanswm
Cwm-hir	£35.60	—	£35.60
Grace Dieu	£18.28	—	£18.28
Margam	£255.37	£10.50	£265.87
Nedd	£231.07	£5.00	£236.07
Ystrad-fflur	£82.34	£16.00	£98.34
Tyndyrn	£108.48	£36.67	£145.15
Hendy-gwyn	£43.77	—	£43.77

(i) Sut y mae tystiolaeth y tabl yn cadarnhau beirniadaeth Gerallt Gymro?

(ii) Sut yr oedd y mynachod yn torri un o'u haddunedau?

Diwylliant

Yn Ystrad-fflur yr ysgrifennwyd rhan o **Brut y Tywysogion**, sef llyfr yn cofnodi hanes Cymru o tua 681 i 1282. Mae rhai copïau wedi goroesi ac y mae ysgolheigion wedi eu cyfieithu a'u cyhoeddi.

Dyma enghraifft o dudalen o'r llyfr **Brut y Tywysogion**:

yny[12]
vlwydyn hōno dzwy
gēnat duw ac anuo-
nedigaeth yr yſpz-
yt glan y doeth ko-
uent o venych yr
lle a elwir yſtrat
fflur.

Dyma enghraifft arall o dudalen o'r un llyfr. Sylwch nad yw'r ysgrifen mor aneglur y tro hwn a bod modd deall rhai geiriau.

1. Astudiwch y llawysgrif yn fanwl a cheisiwch restru rhai geiriau rydych chi'n gallu eu darllen.

2. Pam y mae **Brut y Tywysogion** yn bwysig fel tystiolaeth hanesyddol?

Yn Ystrad-fflur y claddwyd Dafydd ap Gwilym, un o feirdd enwocaf Cymru yn yr Oesoedd Canol. Claddwyd ef yn ymyl rhai o dywysogion y fro.

Isod, fe welwch enghraifft o waith Dafydd ap Gwilym, ac yna yr un gerdd mewn iaith ddiweddar.

Nid ydyw Duw mor greulon
Ag y dywaid hen ddynion.
Ni chyll Duw enaid gŵr mwyn
Er caru gwraig na morwyn.
Tripheth a gerir drwy'r byd:
Gwraig a hinon ac iechyd.

Dafydd ap Gwilym

Nid yw Duw mor greulon
Ag y mae hen ddynion yn ei ddweud.
Nid yw Duw yn collfarnu enaid gŵr mwyn
Am iddo garu gwraig neu ferch ifanc.
Tri pheth sy'n cael eu caru drwy'r byd:
Gwraig a thywydd braf ac iechyd.

Pererindodau a Mannau o Bererindod

Yn yr Oesoedd Canol roedd nifer o leoedd oedd yn fannau o bererindod gan eu bod yn cynnwys rhai creiriau sanctaidd arbennig. Roedd y mannau lle'r oedd y seintiau wedi marw hefyd yn bwysig iawn. Roedd rhai mannau'n bwysicach na'i gilydd. Ymhlith y mannau mwyaf arbennig oedd Jeriwsalem, lle'r oedd Iesu wedi treulio llawer o'i amser, a lle y bu farw, a Rhufain, lle'r oedd y Pab yn byw, sef canolfan y byd Cristnogol. Bu farw Sant Pedr, un o brif ddisgyblion yr Iesu, yn Rhufain. I bobl Lloegr roedd allorau arbennig, fel y rhai yn St Albans a Chaer-gaint. Caer-gaint oedd y lle y cafodd Thomas Beckett ei ladd gan farchogion yn 1170. Cafodd Thomas ei wneud yn sant ar ôl ei farwolaeth.

LLE	PWYSIGRWYDD	COD
Allor Sant Padrig	Sant Padrig, Nawddsant Iwerddon. Gyrrodd nadroedd allan o Iwerddon.	ASP
Caer-gaint	Lladdwyd Sant Thomas Becket yno gan farchogion arfog yn yr Eglwys Gadeiriol.	CG
St Albans	Adeiladwyd eglwys gadeiriol ar y fan lle y dedfrydwyd milwr Rhufeinig, a oedd yn Gristion, i farwolaeth.	SA
Clermont	Codai ffynnon o ddŵr iachusol yma a chafodd llawer eu hiacháu.	CT
Asisi	Man geni Sant Ffransis, sylfaenydd y Brodyr. Roedd yn caru anifeiliaid.	AI
Compostella	Roedd bedd Iago, un o ddisgyblion yr Iesu, yma.	CA
Rhufain	Cartref y Pab, pennaeth yr Eglwys. Lladdwyd Sant Pedr a Sant Paul, sylfaenwyr yr Eglwys Gristnogol, yno. Dyma'r lle hefyd y taflwyd llawer o Gristnogion cynnar at y llewod.	RH
Bethlehem	Man geni'r Iesu.	BM
Nasareth	Y dref lle y treuliodd Iesu ei blentyndod.	NH

Darllenwch yr adran ar fannau o bererindod ar y dudalen flaenorol. Edrychwch ar y map a'r tabl yn ofalus. Hwyrach y bydd arnoch angen atlas ar gyfer yr ymarfer yma. Copïwch y map yn eich llyfr. Gosodwch y codau yn y cylchoedd cywir.

Pererindod

Mae'r gerdd enwog **The Canterbury Tales** yn adrodd hanes llu o bererinion ar daith o Lundain i Gaer-gaint. Roedd y bardd, Geoffrey Chaucer (1340—1400) yn gweithio yn y Llys fel aelod seneddol, ac y mae'r chwedlau'n digwydd ym mis Ebrill.

Ffynhonnell A: Rhan o'r **Canterbury Tales**

> When people yearn to go on pilgrimages,
> And pilgrims long to see those far-off places
> Of distant Saints, adored in strangest lands,
> And, specially, from every County's bounds,
> In England to Canterbury their ways they bend
> To find the holy blessed Saint, who'll end
> With help, their sickness, and soon them mend.

Ffynhonnell B:
Toriad pren o bererindod, tua 1490

Ffynhonnell C: Rhan o lythyr a ysgrifennwyd gan Margaret Paston at ei gŵr yn 1484

> Pan oeddet yn sâl, penderfynais fynd ar Bererindod i Walsingham drosot.

Byddai pob pererin yn gwisgo bathodyn ar glogyn neu ar het. Roedd hyn yn golygu eu bod wedi ymweld ag allor arbennig.

Ffynhonnell CH

> Weithiau, ni allai perthynas agos fynd ar ran person oedd yn sâl. Mewn achos fel hyn, roedd yn beth eithaf cyffredin i ofyn i rywun arall wneud y bererindod, gan roi swm o arian iddo i dalu ei ffordd. Yn 1400, gofynnodd gwraig weddw o'r enw Margaret Delve yn ei hewyllys i ddau ddyn fynd ar bererindod drosti i Walsingham. Derbyniodd y ddau nobl (darn o arian) yr un am fynd.

Ffynhonnell D

> Roedd dechrau ar bererindod yn achlysur hapus, llawn hwyl. Fel arfer, deuai ffrindiau i weld y pererinion yn dechrau ar y daith, ac roedd yna gerddoriaeth a gwledda. Yn wir, byddai llawer o bobl yn mynd ar bererindod am ei fod yn gymaint o hwyl, ac nid am unrhyw reswm crefyddol difrifol.

Ffynhonnell DD

Un o'r afiechydon mwyaf anarferol yn yr Oesoedd Canol oedd afiechyd y *St Vitus Dance*. Byddai pobl a ddioddefai o'r afiechyd yma yna ei chael yn anodd i gadw aelodau eu cyrff yn llonydd, ac roeddynt yn edrych fel petaent yn dawnsio. Roedd rhai'n credu y byddai ymweld ag Eglwys St Almedha yng Nghymru yn iacháu person o'r afiechyd. Yn ei lyfr **Disgrifiad o Gymru**, disgrifiodd Gerallt Gymro grŵp o bererinion yn ymweld â'i eglwys, tua 1195:

> Awst 1af oedd hi. Daeth llawer o bobl o bellteroedd ... yn gobeithio cael eu hiacháu ... gellid gweld gwŷr a gwragedd yn yr eglwys a'r fynwent, yn canu a dawnsio. Yn sydyn, byddent yn syrthio i lawr fel petaent mewn perlewyg, ac yna yr un mor sydyn byddent yn neidio i fyny fel pobl wallgof. Byddent yn canu wrth wneud y tasgau hyn, ond byddai'r nodau i gyd allan o diwn ... Yn ddiweddarach byddech yn gweld yr un bobl yn cynnig rhoddion wrth yr allor, ac yna'n codi eu hunain o'u perlewyg ac yn gwella.

Ffynhonnell E: Ffon ryfeddol y soniwyd amdani gan Gerallt Gymro yn *Taith drwy Gymru*

> Yn Eglwys Sant Germanws, mae ffon Sant Cyric, wedi ei gorchuddio ar bob ochr ag aur ac arian. Mae wedi iacháu llawer o afiechydon, yn arbennig tyfiannau a chwyddiadau ... Os bydd unrhyw un sy'n dioddef o'r rhain yn gweddïo o flaen y ffon ac yn gwneud offrwm o geiniog, bydd wedi ei iacháu ar unwaith. Un diwrnod, rhoddodd person oedd â chwydd ddim ond hanner ceiniog i'r ffon. Dim ond yn y canol yr aeth y chwydd i lawr, ond pan dalodd yr hanner ceiniog arall, diflannodd y chwydd yn llwyr.

Ffynhonnell F: Benedict o Peterborough yn disgrifio'r hyn a ddigwyddodd yn dilyn marwolaeth Thomas Becket, tua 1175

> Casglwyd peth o'r gwaed yn ofalus a glân a'i arllwys i mewn i lestr glân a'i gadw yn yr eglwys.

Ffynhonnell FF: Rhestr o rai o'r creiriau oedd yn Eglwys Sant Omer yn 1346

> Darn o Groes Ein Harglwydd ... Darnau o Fedd yr Arglwydd ... Darn o grud yr Arglwydd ... Peth o wallt y Santes Fair. A darn o'i gwisg ... Rhan o diwnig Sant Thomas o Gaer-gaint. Rhan o'i gadair. Darnau o wallt o gorun ei ben. Rhan o flanced oedd yn ei orchuddio a rhan o'i grys gwlân ... rhan o'i grys isaf. Peth o'i waed.

Ffynhonnell G: Un o'r afiechydon gwaethaf yn yr Oesoedd Canol oedd y 'Tân Cysegredig'. Credwyd y gallai crair a oedd yn cael ei gadw mewn eglwys yn Ffrainc wella'r afiechyd. Ymwelodd Huw o Afallon, esgob Lincoln, â'r eglwys tua 1190:

> Gwelodd ieuenctid a morynion, hen ac ifanc, wedi eu hiacháu o'r 'tân cysegredig', rhai â'u cnawd wedi ei fwyta, eraill â'u hesgyrn wedi eu dinistrio'n llwyr, eraill wedi colli un neu ddau o aelodau eu cyrff, ond yn byw bywyd normal ... gallwch weld pobl o bob oed, ac o'r ddau ryw, â'u breichiau wedi eu bwyta i ffwrdd o'r arddwrn i'r pen-elin, neu o'r pen-elin i'r ysgwydd, neu â'u coesau wedi pydru o'r pigwrn i'r pen-lin.

Achos a Chanlyniad   *TC1b*

1. Pam yr oedd rhai pererinion yn gwisgo bathodynnau ar eu hetiau neu ar glogyn?
   L3

2. Gan ddefnyddio Ffynonellau A ac C, awgrymwch un rheswm pam yr oedd pererinion yn mynd ar bererindodau yn yr Oesoedd Canol.   *L3*

3. Gan ddefnyddio'r ffynonellau i gyd, awgrymwch 3 rheswm arall pam yr oedd pobl yn mynd ar bererindodau yn yr Oesoedd Canol.   *L4*

4. O'r rhesymau rydych wedi eu hawgrymu, pa rai sy'n:
   (i) resymau crefyddol
   (ii) resymau cymdeithasol
   (iii) resymau economaidd?   *L5*

Defnyddio Ffynonellau Hanesyddol

1. Gan ddefnyddio Ffynhonnell B, disgrifiwch sut y byddai pererin yn yr Oesoedd Canol wedi ei wisgo ar gyfer y daith.   *L3*

2. Beth oedd Crair Cysegredig? Gan ddefnyddio Ffynonellau E, F ac FF, rhestrwch 10 crair, gan ddisgrifio sut y byddid wedi cael un o'r creiriau hyn.   *L4*

Y Croesgadau: Achosion

Ffynhonnell A: Apêl y Pab Urban II i Gristnogion yn y cyfarfod yn Clermont, 1095, adroddiad Fulcher o Chartres

> Ewch yn eich blaenau ac ymladdwch yn ddewr dros achos Duw ... rhowch gymorth i'ch brodyr sy'n byw yn y dwyrain ... mae'r Twrciaid wedi eu goresgyn ac wedi meddiannu tiriogaeth Gristnogol.

Ffynhonnell B: G. Evans, **Pilgrimages and Crusades**, 1976

> Gwelodd Urban sut y gallai ddatrys rhai o'i broblemau ei hun. Os gallai berswadio rhai o'r bobl mwyaf trafferthus yng Ngogledd Ewrop i fynd i ymladd, byddai ei ymdrechion i fod yn Bab da yn haws oherwydd na fyddai'n rhaid iddo gadw llygad ar bobl drafferthus.

Ffynhonnell C: Apêl y Pab Urban II yn y cyfarfod yn Clermont, 1095, adroddiad Robert y Mynach

> Rydym wedi clywed storïau dychrynllyd o Jeriwsalem. Mae hil felltigedig wedi goresgyn tiroedd Cristnogion ... Maent yn gwneud tyllau ym mogeiliau Cristnogion, yn tynnu allan bennau eu perfedd a'u clymu hwy i bostyn; yna maent yn eu fflangellu i'w gorfodi i fynd o amgylch y postyn nes i'w perfedd dywallt allan.

Ffynhonnell CH: **A Modern History Textbook**, 1991

> Aeth Cristnogion i'r Croesgadau am nifer o resymau ... roedd rhai yn gobeithio ennill tir er mwyn iddynt allu ymsefydlu. Anfonwyd eraill gan eu brenhinoedd a'u tywysogion rhag iddynt allu achosi trafferthion yn eu tiroedd eu hunain. Roedd masnachwyr a marsiandïwyr yn awyddus i gael y sbeisys cyfoethog, y sidanau a'r nwyddau gwerthfawr ... Aeth llawer oherwydd eu bod yn gobeithio cael maddeuant am eu pechodau drwy ymladd dros yr eglwys Gristnogol.

Yn 1188, aeth Gerallt Gymro ar daith drwy Gymru i annog y Cymry i 'gymryd y Groes' ac ymladd yn y Drydedd Groesgad.

Tasgau

1. Yn ôl Ffynhonnell A, pam yr oedd Urban am i Gristnogion fynd i wlad yr Iesu ar Groesgad?

    TC1: 3b

2. Pa reswm arall, yn ôl Ffynhonnell B, oedd gan Urban dros lansio'r Croesgadau?

    TC1: 4b

3. Disgrifiwyd y Pab Urban II fel:
    (a) gŵr crefyddol (b) gŵr clyfar neu gyfrwys (c) gŵr hunanol (ch) gŵr treisgar.
    Pa dystiolaeth sydd yn y ffynonellau i gefnogi pob un o'r syniadau yma?

    TC3: 2/3/4

4. Yn Ffynhonnell C, mae Urban yn disgrifio dioddefaint y Cristnogion yng Ngwlad yr Iesu mewn manylder erchyll.

    (a) Sut y byddai Cristnogion wedi teimlo wrth glywed hyn?   *TC3: 3*
    (b) Pa mor ddefnyddiol yw Ffynhonnell C i rywun sy'n ceisio darganfod pa fath o driniaeth a gafodd y Cristnogion o dan law'r Mwslemiaid yn ystod y Croesgadau? Esboniwch eich atebion.   *TC3: 5*

5. Ysgrifennwch baragraff sy'n esbonio pam yr ydych chi'n cytuno neu'n anghytuno â'r gosodiad canlynol:

    'Crefydd oedd yr unig reswm pam yr aeth Cristnogion ar Groesgadau i wlad yr Iesu.'   *TC1: 3b/4b*

Geirfa

lansio = dechrau	cyfrwys = slei	treisgar = *violent*
dioddefaint = *suffering*	goresgyn = concro	meddiannu = cymryd

Map

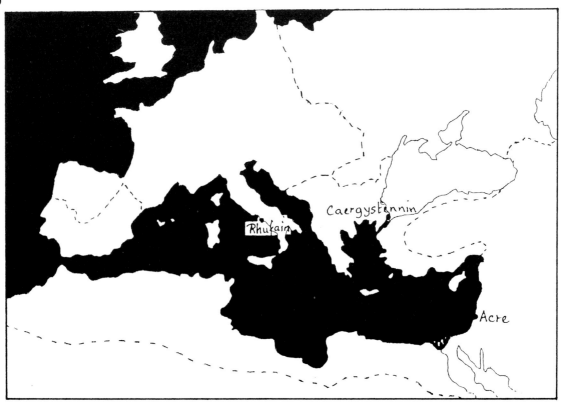

Ffynhonnell A: Milwr y Groes	*Ffynhonnell B:* Milwr Twrcaidd

Ffynhonnell C: Disgrifiad gan filwr ym myddin Rhisiart o frwydr Arsuf, 1191

> Roedd yn agos i naw o'r gloch pan ymddangosodd byddin fawr o Dwrciaid, deng mil ohonynt. Fe wnaethon nhw ruthro tuag atom, dan daflu eu picellau a'u saethau mor gyflym â phosibl, tra unodd eu lleisiau mewn un bloedd erchyll ... Aeth yr awyr gyfan yn ddu. Collodd ein dynion ni lawer o geffylau. Pan ddaethant yn rhy agos i ddefnyddio'u bwâu, ymladdodd y Twrciaid efo'u gwaywffyn a'u pastynau. Roedd pob ergyd yn atseinio ar eu harfwisgoedd metel, fel morthwyl yn taro eingion. Ar ganiad chwe utgorn, ymosododd dynion ein llinell flaen ni mewn un corff gyda'i gilydd. Dangosodd pob un ei ddewrder wrth ymosod ar y Twrciaid, gan eu trywanu â'u gwaywffyn a'u taro i'r llawr.

Ffynhonnell CH: Cronicl am Risiart I wedi'i ysgrifennu gan fynach yn Llundain yn fuan wedi'r drydedd Groesgad. Derbyniodd ei wybodaeth gan farchogion a fu'n ymladd. Yma, mae'n disgrifio dioddefaint milwyr y Groes yn ystod Gwarchae Acre, 1189—91.

Ffynhonnell D: Ffenestr liw o ganol y G12 yn dangos milwyr y Groes a Thwrciaid.

> Lladdwyd ceffylau gwerthfawr er mwyn i'r dynion gael rhywbeth i'w fwyta. Roedd perfeddion ceffyl yn cael eu gwerthu am 10 swllt. Roedd hyd yn oed arglwyddi yn gorfod plygu i fwyta planhigion, neu sugno esgyrn ar ôl i'r cŵn orffen â nhw. Roeddynt yn wir yn newynu.

35

Tasgau

1. (a) Ar y map 'Tiroedd y Môr Canoldir, 1096', lliwiwch yr ardaloedd a oedd dan reolaeth Eglwys Rhufain, Eglwys Bysantiwm a Mwslemiaeth. Lluniwch allwedd i'r gwahanol liwiau sy'n cael eu defnyddio.

   (b) Nodwch ar yr un map y daith a gymerodd Rhisiart 1, Brenin Lloegr, ar y drydedd Groesgad. Dechreuodd ei daith yn Llundain a chyrhaeddodd Acre ryw 19 mis yn ddiweddarach.

   Bydd arnoch angen atlas i ddod o hyd i'r llefydd canlynol: Paris, Marseilles, Sicilia, Creta, Cyprus, Acre.

2. (a) Cymharwch y ddau elyn, y Croesgadwr a'r Twrc.

   (b) Beth y mae Ffynonellau A, B ac C yn ei ddweud wrthych am yr arfau oedd ganddynt?

   (c) Beth y mae Ffynonellau C, CH a D yn ei ddweud am y math o ymladd oedd yn digwydd yn ystod y Croesgadau? Ysgrifennwch eich atebion ar ffurf tabl, fel hyn:

	CROESGADWR	TWRC
Arfau		
Dulliau ymladd		

Canlyniadau'r Croesgadau

Ffynhonnell DD

Defnyddiodd masnachwyr dinasoedd yr Eidal eu llongau i helpu i gludo'r Croesgadwyr dros y môr i'r Wlad Sanctaidd. Fel gwobr, derbyniodd y masnachwyr hyn hawliau arbennig i brynu a gwerthu nwyddau yn y Dwyrain. Oherwydd hyn daeth nwyddau newydd i Ewrop, e.e. defnyddiau cotwm, perlysiau, sliperi, carpedi moethus, drychau o wydr, a ffrwythau newydd fel y lemwn a bricyll. Yn sgil y nwyddau, daeth geiriau newydd o'r Arabeg i ieithoedd gwledydd Ewrop, e.e. siwgr, lemwn, arsenal.

Dysgodd pobl y Gorllewin lawer am fathemateg oddi wrth bobl y Dwyrain. Mae'r rhifau a ddefnyddiwn ni heddiw yn dod o'r system Arabaidd.

Arabeg y gorllewin

11eg ganrif

15ed ganrif

16eg ganrif

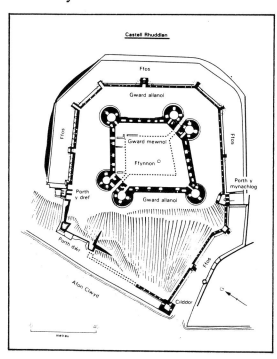

Cynllun o gastell Rhuddlan

O'r Dwyrain y daeth y wybodaeth newydd a'i gwnaeth yn bosibl i ddyfeisio'r telescop ac yn y Dwyrain hefyd y cafodd y cwmpawd magnetig, sydd mor bwysig i deithwyr, ei ddatblygu.

O'r Dwyrain hefyd y daeth y syniad o adeiladu castell consentrig. Adeiladwyd Krak des Chevaliers, castell enwocaf y Croesgadwyr, ar y cynllun hwn. Dyma'r cynllun a ddefnyddiodd Edward I ar gyfer adeiladu ei gestyll newydd yng Nghymru wedi concwest 1282. Gyferbyn, fe welwch gynllun o gastell Rhuddlan.

Tasg   *TC1b, L4-5*

Darllenwch y rhestr o ganlyniadau'r Croesgadau (gweler Ffynhonnell DD). Rhannwch y canlyniadau i ddwy adran, sef:

(a) canlyniadau **byr-dymor**, sy'n effeithio pobl ar y pryd;

(b) canlyniadau **hir-dymor**, sy'n effeithio pobl am flynyddoedd i ddod.

Copïwch y canlyniadau i'ch llyfrau o dan y ddau bennawd hyn.

Masnach

Ar ôl y Goncwest Normanaidd, cynyddodd masnach Prydain â gweddill Ewrop yn gyflym iawn. Daeth lledr o Sbaen, sidan o Ffrainc, gwin o'r Eidal, brethyn o Fflandrys a choed a physgod o Sgandinafia. Byddai Prydain yn allforio gwlân i'r gwledydd yma.

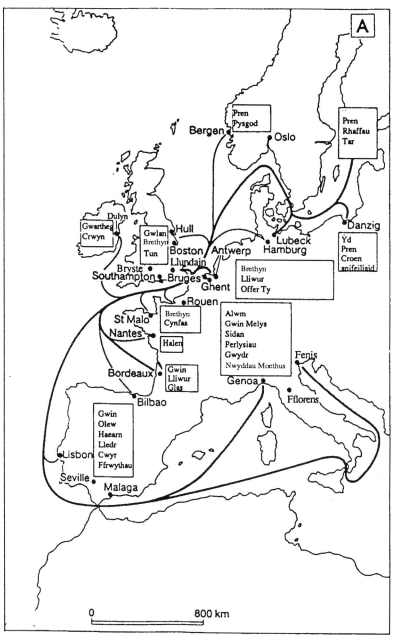

Y Farchnad

Yng Nghymru a Lloegr, nid oedd y tyddynwyr yn ennill llawer o arian. Roedden nhw'n talu am nwyddau trwy gyfnewid nwyddau eraill neu trwy weithio i berson. Er mwyn prynu neu gyfnewid nwyddau, byddai pobl yn mynd i'r farchnad unwaith yr wythnos. Byddai marchnad yn cael ei chynnal ger croesffordd neu ar lan afon lle y gallai pobl gyrraedd yn hawdd. Wrth i bobl ddod i'r farchnad, roedd tref yn tyfu ymhen amser yn y lle hwnnw. Byddai'r pentrefwyr, felly, yn dod i'r dref ar ddiwrnod marchnad gyda'u llysiau, wyau, ŷd a chig i'w gwerthu. Deuai'r crefftwyr â'u llestri, lledr, dillad a deunyddiau adeiladu i'w gwerthu.

Trefi

Wrth i farchnadoedd dyfu'n drefi, penderfynwyd adeiladu mur neu wal i amddiffyn y dref. Un lle amlwg i godi tref, felly, oedd yn agos i gastell. Edrychwch ar y llun isod o gastell Conwy yn y bedwaredd ganrif ar ddeg. Sylwch ar y mur sy'n amddiffyn y dref. Pobl oedd yn byw yn y dref oedd yn gorfod talu am y mur. A oedden nhw'n falch o weld y mur yn cael ei adeiladu, tybed?

Castell a thref Conwy fel yr oeddynt yn y bedwaredd ganrif ar ddeg

Dyma rai rhesymau pam y cododd trefi yn yr Oesoedd Canol:

(a) yn ymyl porthladd
(b) yn ymyl Eglwys Gadeiriol
(c) yn ymyl ffordd brysur neu groesffordd
(ch) yn ymyl Prifysgol
(d) yn ymyl afon bwysig
(dd) yn ymyl pont neu ryd
(e) yn ymyl castell.

Urdd y Crefftwyr

Yn yr Oesoedd Canol, roedd gan bron bob masnach ei urdd (*guild*), neu gymdeithas, ei hun. Roedd yr urdd yn gosod rheolau llym ynglŷn â hyfforddiant a'r math o nwyddau y byddai'r crefftwyr yn eu cynhyrchu. Bechgyn, nid merched, ar y cyfan oedd yn cael y cyfle i ddysgu crefft. Roedd disgwyl i fachgen fod yn brentis am 7 mlynedd cyn gallu bod yn feistr ei hun.

Dyma lun o Feistr un o'r urddau. Mae ganddo ef ei fusnes ei hun ac y mae'n berson pwysig. Mae'n beirniadu gwaith saer coed a saer maen (*stonemason*). Os yw'r gwaith yn ddigon da o ran safon, yna bydd cyfle i'r ddau grefftwr fod yn feistri ar urdd. Erbyn canol y bedwaredd ganrif ar ddeg, ni allech weithio ar grefft heb fod yn aelod o'r urdd.

Siartr y Trefi

Wrth i'r trefi ddod yn fwy cyfoethog, roedd arnynt eisiau mwy o ryddid. Byddai'r brenin yn cynnig siartr o ryddid i drefi ar yr amod eu bod yn benthyg arian iddo ef. Rhoddodd y brenin John sawl siartr i drefi. Roedd hyn yn golygu bod trefi'n gallu:

(i)   dewis eu swyddogion eu hunain, e.e. Maer

(ii) casglu eu trethi eu hunain

(iii) gosod prisiau yn y farchnad.

Tasg

Rhowch ben a chynffon bob brawddeg gyda'i gilydd i greu brawddeg gywir:

1. Adeiladwyd mur o amgylch y dref	sefydlwyd urdd masnach ym mhob tref.
2. Er mwyn prynu neu gyfnewid nwyddau	er mwyn cael arian o'r dref.
3. Er mwyn cadw safon uchel i'r gwaith	byddai pobl yn mynd i'r farchnad unwaith yr wythnos.
4. Roedd y brenin yn rhoi siartr	er mwyn amddiffyn y dref.

Geirfa

masnach = prynu a gwerthu
allforio = gwerthu nwyddau i wledydd tramor
cyfnewid = rhoi un peth am rywbeth arall (*exchange, swap*)
siartr = rhestr o hawliau'r dref (*charter*)
hyfforddiant = dysgu crefft (*training*)
cynhyrchu = y broses o wneud rhywbeth (*produce*)
gorchuddio = *to cover, to hide*

Ymarfer Tystiolaeth

Ffynhonnell A: Llythyr oddi wrth y brenin Edward III, 1349

I Arglwydd Faer Llundain. Dyma orchymyn i chi gael gwared ar garthion *(excrement)* pobl a phob budreddi *(filth)* sy'n gorwedd yn ein strydoedd a'n lonydd ... ac i lanhau ein strydoedd o bob gwynt/arogl fel na fydd mwy o bobl yn marw o'r fath ddrewdod. Mae wedi dod i sylw'r brenin bod Llundain a'r ardaloedd cyfagos yn frwnt o'r budreddi a ddaw o'n cartrefi bob dydd, bod yr awyr yn afiach a bod y ddinas wedi'i gwenwyno . . .

Ffynhonnell B: Geiriau ymwelydd o'r Iseldiroedd i Lundain

Mae'r lloriau clai wedi eu gorchuddio gan wellt. O dan y gwellt y mae casgliad o saim, cwrw, esgyrn, briwsion, carthion dynion a charthion anifeiliaid, a phob dim arall sy'n gas.

Tasgau

Edrychwch ar y llun ar y dudalen flaenorol a darllenwch y dystiolaeth yn ofalus cyn gwneud y tasgau isod.

1. Chi yw Arglwydd Faer Llundain. Ysgrifennwch adroddiad i'r brenin yn ymateb i'w lythyr sy'n sôn am broblemau glendid eich dinas. *TC1c, L4*

2. O'r trefi y daeth nifer o gyfenwau *(surnames)* ar ôl y flwyddyn 1200. Mae'r enwau isod yn dweud llawer wrthym am grefftau pobl. Defnyddiwch eiriadur Saesneg i ddarganfod beth oedd crefft unrhyw **10** o'r bobl yma yn wreiddiol.

Tanner	Miller	Dyer
Taylor	Fisher	Webster
Carpenter	Spicer	Brewer
Mason	Mariner	Barber
Tyler	Smith	Thatcher
Weaver	Butcher	Cooper
Baker	Fuller	Potter
Cook	Wright	Chandler

3. Allwch chi ddarganfod beth yw ystyr eich cyfenw chi?

42

Y Pla Du

Cyfeiriad y Pla

Pan gyrhaeddodd y Pla Du Ewrop yn 1347, nid oedd neb yn gwybod beth oedd achos y pla na chwaith sut yr oedd yn lledaenu. Heddiw, rydym yn gwybod mai germ o'r enw *bacillus* a oedd yn byw ar lau *(fleas)* oedd yn gyfrifol. Roedd y llau yn byw ar lygod ac yn gwthio'u cegau miniog i mewn i groen y llygoden gan sugno'r gwaed. Ar ôl i'r llygoden farw, byddai'r llau yn symud i gartrefi, ac yn cnoi'r bobl gan ledaenu'r pla.

Camau'r Pla

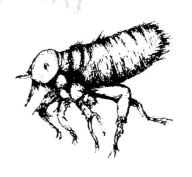

- Teimlo'n wan. Dim egni.
- Chwyddo o dan y ceseiliau.
- Y claf yn chwysu a'i dymheredd yn codi.
- Y chwyddo'n troi'n ddu ac yn lledaenu dros y corff.
- Y claf yn pesychu gwaed.
- Y claf yn marw ymhen tridiau.

Tasg   *TC3*

Copïwch y camau uchod i'ch llyfrau. Ysgrifennwch baragraff yn esbonio pam yr oedd y salwch yma'n cael ei alw yn 'Pla Du'. Pam yr oedd pobl mor ofnus o'r pla?

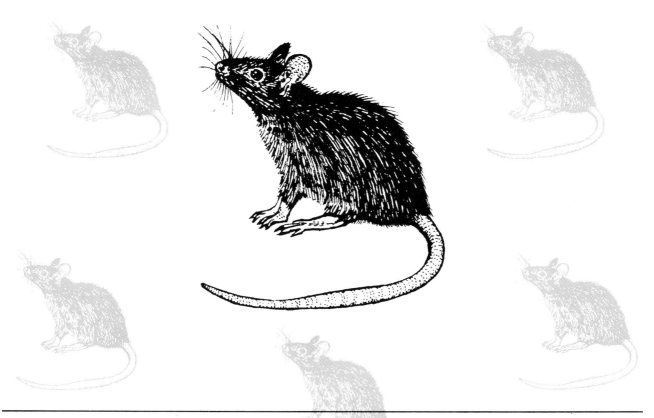

Lledaenu'r Pla

Mae'r map yn dangos sut y lledaenodd y Pla Du ar draws Ewrop. Cyrhaeddodd Ewrop rhwng 1347 a 1350, gan symud o Gaergystennin i'r Eidal, i Ffrainc, i Brydain, i Norwy, i Sweden ac i Rwsia. Roedd y Pla Du wedi bodoli yn Asia ers canrifoedd. Sut y daeth y Pla draw i Ewrop?

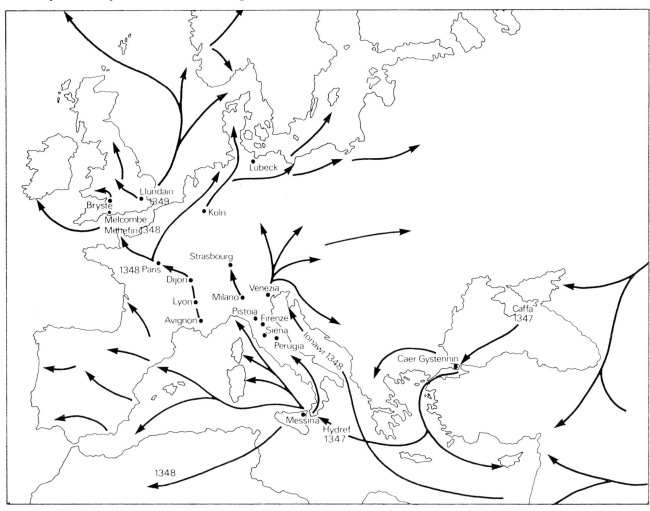

Geirfa (ar gyfer y tudalen nesaf)

lledaenu = mynd o le i le. *To spread*
ceseiliau = y rhan rhwng y fraich a'r ysgwydd
tridiau = tri diwrnod
haint = afiechyd difrifol sy'n lledu'n gyflym
ysgerbwd = esgyrn. *Skeleton*
fflangellau, fflangell = chwip
aent = roedden nhw'n mynd
gorymdeithiau = cydgerdded yn drefnus
pentyrrau = llawer ar ben ei gilydd
gwallgof = wedi colli ei synnwyr. *Mad*
perlysiau = *herbs*
alltudiaeth = gadael eich gwlad am wlad arall
erlyn = mynd ar ôl rhywun a'i fygwth
meirw = pobl sydd wedi marw
mantais = *advantage*

Ymateb y bobl i'r Pla Du

Roedd pobl yn ofni'r Pla am nad oedd neb yn gallu esbonio o ble y daeth. Roedd sawl esboniad yn cael eu cynnig — yr un mwyaf poblogaidd oedd mai cosb gan Dduw oedd y pla.

Edrychwch ar y llun isod. Beth mae'r ysgerbwd yn ei gynrychioli? Pwy ydy'r ddau ddyn? Beth ydy neges y llun?

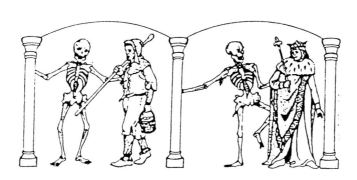

Darllenwch y deunydd isod sy'n dangos beth oedd yr ymateb mewn gwahanol rannau o Ewrop.

Canolbarth yr Almaen	Gyda fflangellau byddent yn eu chwipio eu hunain ar eu cyrff noeth nes iddynt chwyddo a throi'n las — yna aent ar orymdeithiau gan weddïo.
Fflorens	Ysgrifennodd gŵr o'r enw Boccaccio: Gwrthodai'r ddinas fynediad i bob person sâl ... roedden nhw'n gweddïo ar Dduw, gan ailadrodd eu gweddïau ar orymdeithiau ac mewn mannau eraill.
Siena	Mewn nifer o leoedd yn Siena cloddiwyd pyllau mawr a'u llenwi â phentyrrau anferth o'r meirw ... roedd llawer o'r meirw wedi'u gorchuddio â chyn lleied o bridd nes bod y cŵn yn eu llusgo ymaith ac yn bwyta'r cyrff.
Frankfurt	Crwydrai dynion a merched o gwmpas y lle mewn anobaith llwyr, fel pe baent yn wallgof ... gadawyd gwartheg i grwydro o amgylch y lle oherwydd doedd gan neb ddiddordeb yn y dyfodol.
Avignon	Nid yw pysgod, hyd yn oed pysgod y môr, yn cael eu bwyta'n gyffredinol, oherwydd mae pobl yn credu eu bod wedi'u heintio gan yr aer drwg. Heblaw hyn, nid yw pobl yn bwyta na hyd yn oed yn cyffwrdd â pherlysiau.
Fflorens	Fe ddihangodd torf o bobl, yn ddynion a merched. Nid oeddynt yn gofidio am neb ond amdanynt eu hunain. Gadawsant eu dinas, eu cartrefi, eu hystadau, eu teuluoedd a'u heiddo. Aethant i alltudiaeth o'u gwirfodd. Symudodd rhai i gefn gwlad. Roeddynt yn credu na fyddai Duw yn eu herlyn i'r fan honno.

1. Cwblhewch y tabl isod gan ddefnyddio'r wybodaeth a geir ar y dudalen flaenorol.

YR YMATEB	DISGRIFIAD O'R YMATEB	ENW'R WLAD

2. Pa mor ddefnyddiol ydy tystiolaeth fel hyn? Rhowch eich rhesymau. *TC3, L5*

Yr effaith ar Brydain

Cafodd y Pla Du effaith fawr ar Brydain. Cofnodwyd yr achos cyntaf ym mhorthladd Melcombe (Weymouth heddiw) yn 1348. Erbyn 1381, mae'n debyg fod dros **1 filiwn** o bobl wedi marw o'r pla, allan o boblogaeth o 4 miliwn. Bu 50,000 o bobl farw yn Llundain yn unig. Roedd cyrff marw i'w gweld ym mhobman — ar ochrau'r ffyrdd, yn y caeau, yn strydoedd y prif drefi — a bu'n rhaid agor beddau enfawr i gladdu'r meirw ynddynt. Roedd y pla yn lladd y tlawd a'r cyfoethog fel ei gilydd — yr arglwyddi a'r bileiniaid.

Gadawyd nifer o bentrefi'n wag. Oherwydd bod llawer iawn o'r tyddynwyr a'r bileiniaid wedi marw, doedd dim digon o weithwyr ar ôl i drin y tir. O ganlyniad, doedd hi ddim yn bosibl i dyfu cnydau, ac yn lle ŷd a gwenith roedd y caeau'n llawn o chwyn. Daeth un mantais allan o hyn, fodd bynnag, sef bod y gweithwyr a oedd ar ôl yn gallu hawlio cyflogau uwch.

Effeithiau'r Pla Du

Fe gafodd y Pla Du sawl effaith *(effect)* ar fywyd yn yr Oesoedd Canol. Rydych wedi darllen am y Pla a'i effeithiau. Ceisiwch gwblhau'r tabl isod drwy roi ✔ yn y blwch iawn.

Canlyniadau'r Pla Du	Cywir	Anghywir
Nid oedd digon o weithwyr i weithio ar y tir yn Lloegr.		
Roedd yr Arglwyddi i gyd yn fwy cyfoethog.		
Nid oedd newid yn y Drefn Ffiwdal.		
Roedd nifer o fileiniaid yn ennill arian am y tro cyntaf.		

Cyflogau'n codi ...   ... cnydau'n pydru

Am gyfnod, felly, roedd gan y bileiniaid lawer mwy o bŵer. Oherwydd bod llai o bobl, roeddynt yn gallu cael mwy o arian gan yr Arglwyddi. Ond ar ôl ychydig ceisiodd yr Arglwyddi orfodi'r bileiniaid i weithio iddynt heb gyflogau. Pasiodd y Senedd Ddeddf *(law)* a oedd yn rhwystro'r bileiniaid rhag cael cyflogau uchel. Penderfynodd y bileiniaid wrthryfela. Dyma'r rhesymau pam:

1.   Roedd arnynt eisiau rhyddid.

2.   Roedd offeiriaid fel John Wycliffe a John Ball yn pregethu bod pawb yn gyfartal.

3.   Roedd rhyfeloedd hir yn erbyn Ffrainc wedi creu diflastod ymhlith y bileiniaid.

4.   Yn 1330, roedd y brenin Richard II am i bawb dalu 5c o dreth. Yr enw ar y dreth oedd 'Treth y Pen' *(Poll Tax)*.

Darllenwch hanes y Gwrthryfel ar y tudalennau sy'n dilyn.

Yn 1381, cyrhaeddodd casglwr trethi y brenin yn Brentwood, Lloegr.

'Rwyf wedi dod yma i gasglu'r trethi.'

Roedd y bileiniaid wedi eu diflasu'n barod.

'Wyt ti'n mynd i dalu, John?'

'Dim peryg!'

Taflwyd y casglwr trethi allan o'r dref a lladdwyd tri o'i helpwyr.

'Dos o'ma, a phaid â dod yn ôl!'

Cyn bo hir, roedd y bileiniaid yn gwrthryfela dros dde Lloegr i gyd.

'Rwy'n falch o weld y maenordy ar dân!'

'Mae'r bileiniaid yn fy nychryn i!'

Gorymdeithiodd 20,000 o fileiniaid i Lundain. Yr arweinydd oedd Wat Tyler.

'Beth wnawn ni ar ôl cyrraedd?'

'Mae Wat Tyler yn dweud y byddwn ni'n trafod gyda'r brenin.'

Wrth i'r bileiniaid gyrraedd Llundain, daeth y brenin ifanc i siarad â hwy.

'Beth ydych chi eisiau?'

'Fe fyddwn yn fodlon siarad ar ôl i chi lanio.'

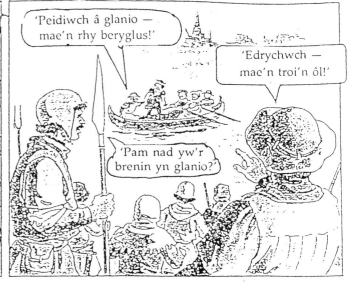

'Peidiwch â glanio — mae'n rhy beryglus!'

'Edrychwch — mae'n troi'n ôl!'

'Pam nad yw'r brenin yn glanio?'

Roedd y Brenin yn teimlo'n ddiogel o fewn muriau dinas Llunain.

'Brysiwch! Agorwch y drysau a gadewch y bileiniaid i fewn. Nid yw'r arglwyddi yn gyfeillion!'

Dechreuodd y bileinaid ymosod ar dai y bobl gyfoethog.

'Llosgwch y tai!'

Yn Nhŵr Llundain llofruddiwyd Archesgob Caer-gaint.

'Bradwr!'

'Aaaah!'

Ceisiodd Maer Llundain amddiffyn ei ddinas.

'Ewch i nôl eich arfau a dewch i'm cyfarfod yn Smithfield ddydd Sadwrn!'

'Mae'n rhaid i ni amddiffyn ein hunain!'

Cyfarfu'r ddwy ochr.

'Tyler! Beth yw dy ofynion?'

'Dyma nhw!'

Wrth i Tyler agosau at y Maer, trywanwyd ef yn ei gefn

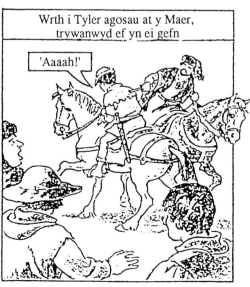

'Aaaah!'

Roedd y bileiniaid ar goll heb Tyler.

'Beth wnawn ni'n awr?'

'Dwn i ddim.'

'Mae'r Maer a'i griw yn fy nychryn i!'

Siaradodd y brenin â hwy ...

'Fe wnaf i edrych ar eich ôl. Ewch yn ôl i'ch pentrefi.'

'Mae e'n edrych yn ddyn digon teg.'

Aeth y bileiniaid yn ôl i'w cartrefi, ond cyn bo hir ...

'Brysia, John, cuddia! Mae dynion y brenin yma!'

Crogwyd nifer o fileiniaid.

'Crogwch e, bois!'

'Fe ddysgwn ni wers iddyn nhw!'

'BILEINIAID fyddwch chi am byth!'

Ac yna ...

Ar ôl y gwrthryfel ...

torrodd y brenin ei air.

Crogwyd nifer o arweinwyr y bileiniaid.

Diddymwyd y 'Poll Tax'.

Gorfodwyd nifer o fileiniaid i dderbyn yr hen drefn.

Ond oherwydd bod prinder gweithwyr yn ystod y 100 mlynedd nesaf ...

daeth nifer o fileiniaid yn rhydd i weithio am arian.

Gweithgareddau

1. Rhowch **un** rheswm pam y dechreuodd y Pla Du.   *TC1b, L3*
2. Awgrymwch resymau eraill pam y digwyddodd y Pla Du.
3. Rhestrwch gymaint ag y gallwch o ganlyniadau'r Pla Du.   *TC1b, L4*
4. Yn eich llyfrau, lluniwch dabl fel yr un isod a'i gwblhau.   *TC1b, L5*

CANLYNIADAU BYR-DYMOR	CANLYNIADAU HIR-DYMOR

5. Pa achos a chanlyniad yw'r rhai pwysicaf yn eich barn chi? Rhowch resymau dros eich ateb.   *TC1b, L6*